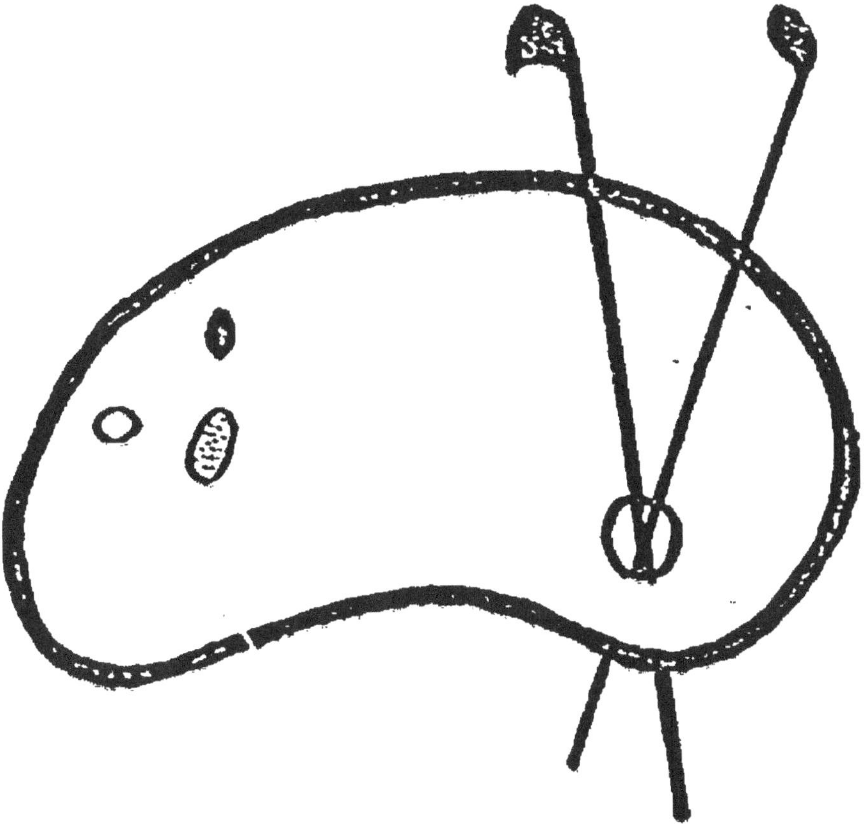

DEBUT D'UNE SERIE DE DOCUMENTS
EN COULEUR

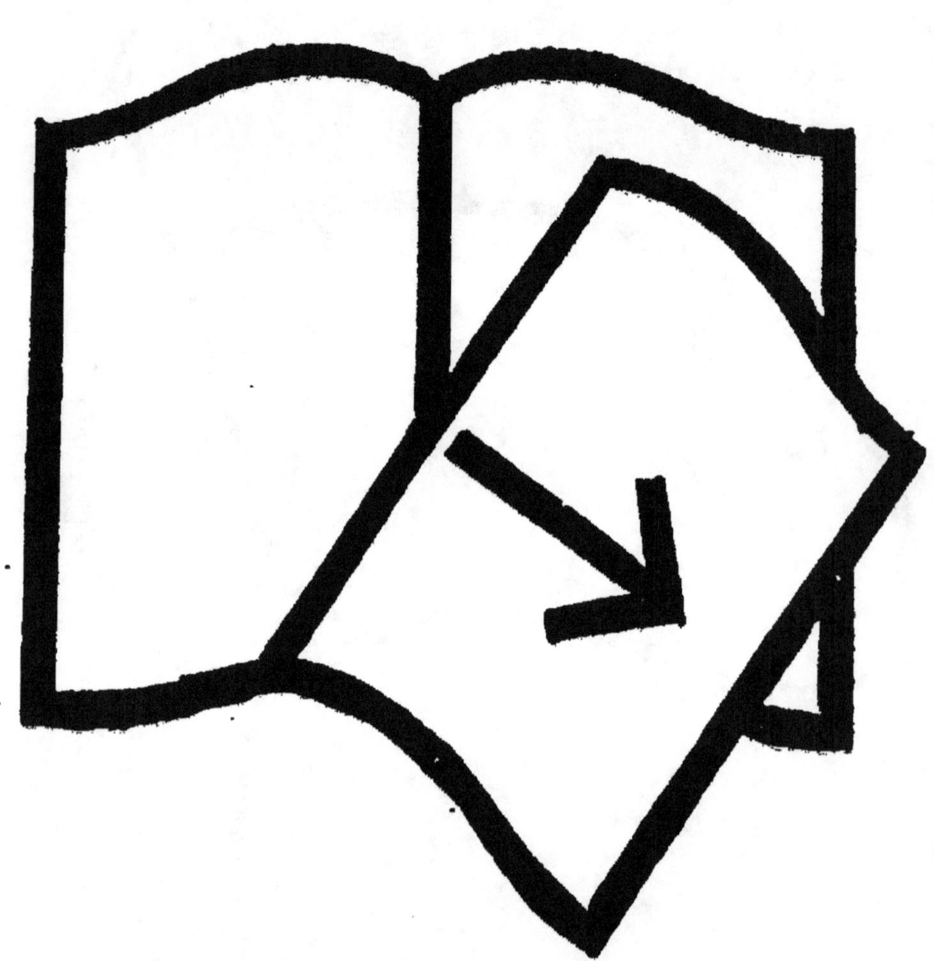

Couverture inférieure manquante

EXPOSÉ SOMMAIRE DE VOYAGE

DANS

L'OUEST-AFRICAIN

PRÉSENTÉ PAR

M. Charles de CHAVANNES

Dans la Séance tenue au Palais Saint-Pierre

LE 21 FÉVRIER 1886

Sous les auspices de la Société de Géographie de Lyon

LYON

IMPRIMERIE MOUGIN-RUSAND

3, Rue Stella, 3

1886

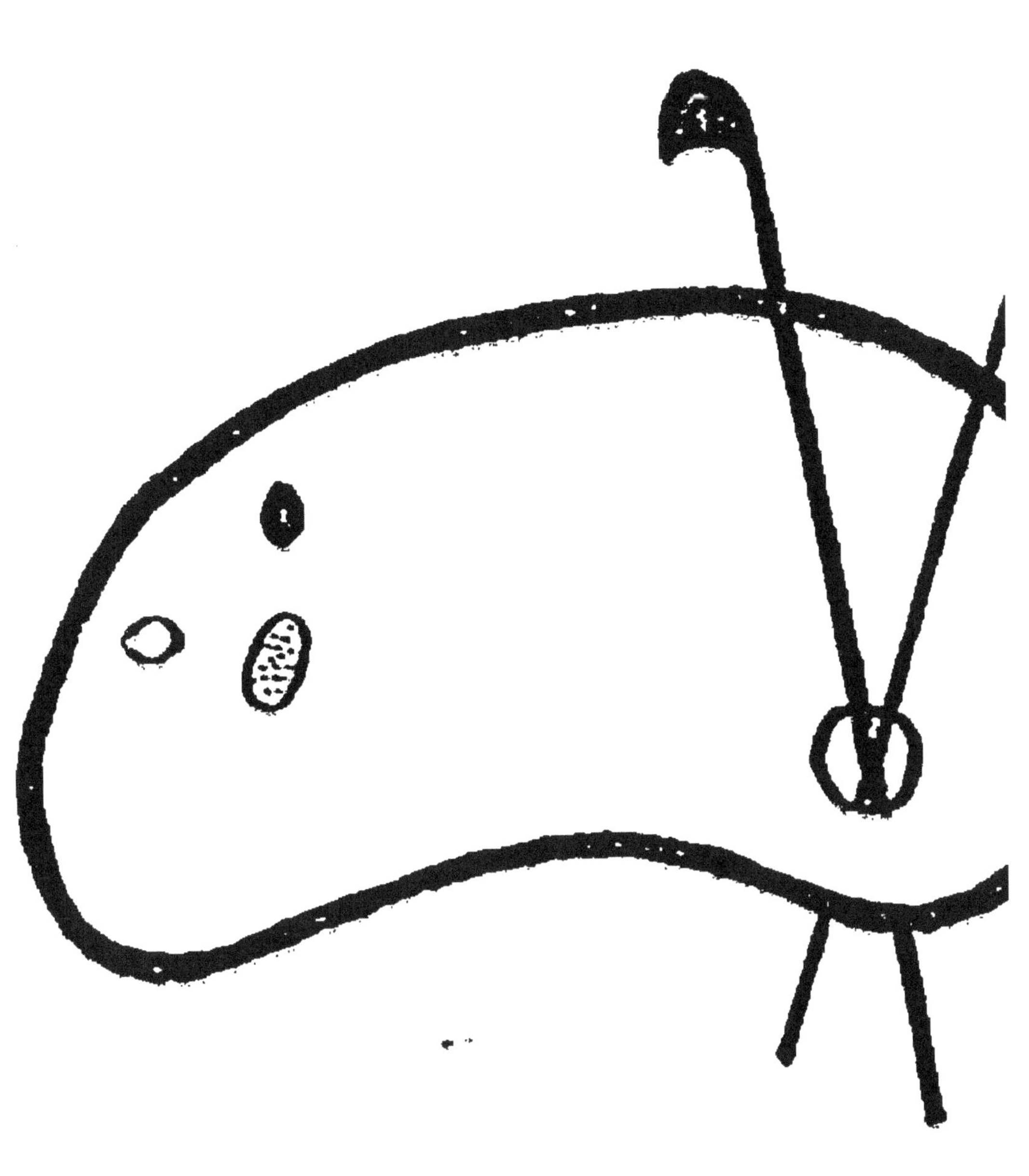

FIN D'UNE SERIE DE DOCUMENTS
EN COULEUR

EXPOSÉ SOMMAIRE DE VOYAGE

DANS

L'OUEST~AFRICAIN

MISSION DE BRAZZA

EXPOSÉ SOMMAIRE DE VOYAGE

DANS

L'OUEST-AFRICAIN

PRÉSENTÉ PAR

M. Charles de CHAVANNES

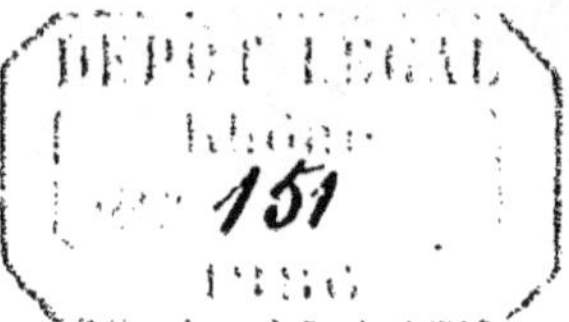

Dans la Séance tenue au Palais Saint-Pierre

LE 21 FÉVRIER 1886

Sous les auspices de la Société de Géographie de Lyon

LYON

IMPRIMERIE MOUGIN-RUSAND

3, Rue Stella, 3

1886

EXPOSÉ SOMMAIRE DE VOYAGE

DANS

L'OUEST-AFRICAIN

MISSION DE BRAZZA

MESSIEURS,

Le jour est venu pour moi de m'acquitter d'une dette de reconnaissance depuis longtemps déjà contractée et de payer au moins de quelques paroles toutes ces sympathies, toutes ces amitiés, toutes ces affections qui m'ont suivi loin de la France et que j'ai eu tant de bonheur à retrouver dans la ville natale.

Bien souvent, dans ma lointaine solitude et dans les heures de lassitude morale ou d'ennui, j'ai évoqué ces chers souvenirs ; c'est en leur consolante compagnie que j'ai vécu là-bas, c'est à eux que je dois, sans doute, d'avoir été constamment éloigné de toute défaillance et d'avoir pu rendre quelques services à l'œuvre humanitaire et française de l'Ouest Africain.

Vous m'avez excusé, Messieurs, si, jusqu'à présent, j'ai

retardé de payer à mes concitoyens cette dette de reconnaissance; vous avez compris qu'un naturel sentiment de délicatesse me faisait un devoir de laisser parler le premier celui qui, là-bas, en Afrique, fut mon chef et qui, aujourd'hui, la tâche accomplie, veut bien m'honorer de son amitié.

Je déplore que les soucis et les préoccupations constantes d'une œuvre à poursuivre aient retenu M. de Brazza à Paris et l'aient empêché de venir, aujourd'hui, donner à cette réunion d'élite le lustre de sa présence.

On a bien souvent et beaucoup parlé de M. de Brazza : peu le connaissent.

M. Pierre Savorgnan de Brazza est seul français d'une noble famille romaine, qui compte onze enfants et que j'ai l'honneur de connaître.

Il passa son enfance en Italie, son adolescence à l'École des Postes, à Paris, sa jeunesse à l'École navale et au Bordat. Aspirant à titre étranger, en 1870 il fit campagne en escadre dans la mer du Nord, puis se battit en Algérie.

La guerre terminée, M. de Brazza, écoutant une voix intérieure plus forte que toutes, demanda et obtint ses lettres de naturalisation. Cette naturalisation même lui coûtait son grade et reculait son avancement de deux ans; mais il lui importait peu; il obéissait à une affection instinctive qui, par-dessus tout, lui faisait ambitionner d'appartenir à la France : cette France qui (dernièrement il l'a dit lui-même), après en avoir fait son enfant adoptif, l'a chargé de tous ses honneurs et en a fait, avec raison, quelque peu son enfant gâté.

Les qualités maîtresses de l'homme sont connues et dans le concert universel des éloges, il n'appartient pas à une voix grêle comme est la mienne de s'élever après toutes les autres.

Laissez-moi cependant vous dire, Messieurs, que l'homme vaut plus encore que l'admiration qu'on lui donne et que, s'il mérite d'être admiré sans conteste, il mérite encore plus d'être aimé.

Aussi bon pour les autres que dur pour lui-même, je l'ai toujours vu, que ce fut fatigue ou danger, payant de sa personne plus que tout autre.

Je l'ai vu maintes fois, quand les vivres étaient rares, prétexter un manque d'appétit ou une fatigue pour laisser manger à sa faim le dernier matelot assis à table.

Avec un tel homme et de tels exemples sous les yeux, y a-t-il vraiment grand mérite à marcher ? Et lorsque, avec une incomparable modestie, M. de Brazza renvoie à ses collaborateurs l'honneur du succès, n'ai-je pas raison de me révolter contre un tel éloge ?

Qu'avons-nous fait de plus que suivre le chef, aller là où il nous disait d'aller, régler de loin nos actes sur ses principes et sur sa conduite ?

L'honneur entier du succès ne doit-il pas revenir au novateur qui a ouvert la voie et montré le chemin ? — Notre initiative n'a valu en somme que par la sienne, nos travaux n'ont valu que par ses travaux ; c'est lui qui a préparé et semé ; c'est à lui que doit incontestablement revenir l'honneur d'avoir fait germer pacifiquement pour la France la semence qui peut, dans l'avenir, lui donner une riche moisson.

Cet honneur, un seul des collaborateurs de M. de Brazza est digne de le partager avec lui ; j'ai nommé le Dr Ballay, que les circonstances et surtout sa propre modestie ont trop laissé dans la pénombre.

Les noms de Brazza et de Ballay doivent être inscrits côte à côte sur le livre d'or : leurs travaux et leurs personnalités se complètent.

Mais il est temps que j'aborde mon sujet, Messieurs, et que je me reporte au jour où je quittais Lyon.

Je vous prie d'avance de m'excuser si, vous traînant après moi dans les longueurs souvent ennuyeuses d'un exposé de voyage, mon récit vient à manquer parfois de la clarté concise désirable.

Le 14 mars 1883, je m'arrachais aux derniers embrassements de ma famille, le cœur bien gros, je serrais une dernière fois bien des mains amies et je partais. — Je vous fais grâce de la traversée.

En touchant à Dackar, j'eus le plaisir de serrer la main d'un Lyonnais, M. Chambeyron qui, lui aussi, allait se donner à l'exploration. A la fin d'avril, le *Précurseur* mouillait en rade du Gabon et nous débarquions à Libreville.

Comme il n'y avait pas de temps à perdre, on s'organisa en hâte et, aussitôt le débarquement fini, je suivis M. de Brazza à Lambaréné d'où fut expédiée une première fraction de personnel à l'intérieur.

Revenu avec lui à Libreville, je payai là mon premier tribut à la fièvre, ce qui m'empêcha de suivre mon chef à Loango.

Rétabli, je m'acheminai de nouveau dans l'Ogooué et j'allai attendre M. de Brazza à Lambaréné.

Pour passer le temps, je fis connaissance avec la dysenterie, connaissance sérieusement désagréable et que je considère comme une des plus dangereuses qu'on puisse faire. Je fis aussi la connaissance, non moins désagréable, de toute une série d'inconvénients qu'on pourrait appeler les plaies d'Afrique et qui sont : les moustiques, les pullex pénétrants, les tiques et un innombrable essaim d'insectes parasites et de mouches plus piquantes les unes que les autres, etc..... toutes incommodités très gênantes au début et avec lesquelles on se familiarise, en somme, peu à peu.

Mais ne faisons pas trop noir le tableau. — Je ne sais plus quel journal étranger m'a fait dire que le climat du centre Afrique était essentiellement meurtrier. — N'en déplaise à celui qui m'attribue une opinion que je n'ai jamais professée, j'estime que la mortalité, relativement considérable constatée, provient autant et plus des fatigues, des privations et des accidents que des influences climatériques.

Je serais, du reste, mal venu à émettre des opinions aussi pessimistes, étant moi-même une preuve bien vivante que, doué d'un certain tempérament, on peut aller dans ces pays y travailler, y faire (trop souvent, hélas!) maigre chère, y absorber même un *quantum sufficit* de quinine et revenir, après tout, en assez bon état.

M. de Brazza nous rejoignit à Lambaréné, le 6 juin; trois jours après, nous quittions le dernier centre avancé de la civilisation et partions, en réalité, pour l'intérieur.

Messieurs, un voyage dans l'Ogooué n'est plus, aujourd'hui, chose bien nouvelle; les ouvrages du marquis de Compiègne et de M. Marche, les communications de M. de Brazza, de M. Ballay et de M. Dutreuil de Rhins ont instruit le public des côtés agréables et désagréables d'un voyage de 50 jours en pirogue; ils ont parlé des soucis que vous donnent la conduite d'un convoi et l'entretien de 7 à 800 pagayeurs; ils ont raconté aussi comment, dans les rapides, on perd quelquefois des pirogues avec leur chargement, souvent des hommes, presque toujours ses effets personnels, et comment on peut y perdre sa peau. — Je n'entre pas dans ces détails. — Il me souvient pourtant d'une anecdote qui m'a laissé une certaine impression, sans doute parce qu'elle a été une des premières.

Un jour, M. de Brazza et moi marchions de conserve; quelques instants d'arrêt dans un village avaient permis au convoi de nous devancer et, soit inexpérience de nos

équipes, soit malentendu, nos deux pirogues s'engagèrent
dans une fausse route. A certain moment, nous nous trou-
vions sur la rive droite, quand il aurait fallu nous trouver
sur la rive gauche et, par suite de certaines difficultés naturelles qu'il serait trop long de décrire, dans l'impossibilité
aussi bien d'aller plus loin que de revenir sur nos pas.

Traverser le fleuve à cet endroit était peu prudent mais
c'était le seul parti à prendre et nous fûmes vite décidés.
On se déchausse, on met habit bas et « pousse au large »,
nous voilà lancés. La pirogue de M. de Brazza passe la
première et donne dans le courant de toute la vitesse de
ses vingt pagaies; — à moins de vingt brasses de la rive
un tourbillon éclot sous elle, la saisit, la fait pirouetter deux
ou trois fois et l'entraîne avec une vitesse vertigineuse en
plein rapide : inutile de lutter, les pagayeurs se couchent
pour donner plus de stabilité à l'embarcation, deux hommes
seulement restent debout à gouverner. En quelques secon-
des, après avoir disparu et reparu deux fois, la pirogue est
hors de vue. — Pour moi comme pour mes hommes, elle
est brisée sur quelque rocher ou tout au moins chavirée et
en dérive.

Mais c'est mon tour, ma pirogue est en plein courant,
un énorme tourbillon se forme devant elle, les pagaies cra-
quent et se brisent sous un effort désespéré, nous passons,
avant que le tourbillon ait pu nous saisir, le premier obstacle est franchi et mes hommes reprennent haleine, à
l'abri d'un rocher dans un remous. — Six fois il faut re-
commencer semblable manœuvre et après une lutte de
plus de deux heures, avec une chance inouïe, j'atteins
l'autre rive, à quelques mètres à peine au-dessus d'une
chute. Vraiment j'avais eu de la chance ce jour-là.

Au train rapide dont j'avais vu partir M. de Brazza, il
avait dû descendre en quelques minutes l'équivalent de

tout un jour de montée. — Je le retrouvai le lendemain.
— Avec une chance relative il était parvenu à attérir sans
perdre grand'chose de ses caisses, mais tout avait été à
l'eau, ses instruments d'observation étaient perdus et je fus
désolé de constater que toute notre réserve de papeterie
était transformée en une affreuse bouillie.

Permettez-moi de passer sur tous les autres incidents de
cette première partie du voyage aussi bien que sur les
descriptions qui seraient à faire d'un beau pays. Tous
nous avions hâte d'arriver à Franceville, c'était pour nous
la première grande étape à parcourir, nous comptions les
semaines, puis les jours qui nous en séparaient. — Enfin,
nous arrivons au confluent de l'Ogooué et de la rivière
Passa; quelques vingt kilomètres nous séparent de notre
objectif, nous en faisons la dernière partie à pied, c'est
plaisir de nous dégourdir un peu les jambes. Bientôt nous
apercevons la silhouette vague d'un mât de pavillon, une
heure après nous sommes arrivés.

Franceville a été la première station française dans
l'ouest africain. — Elle fut fondée par M. de Brazza en
1880. — J'emprunte à M. de Brazza lui-même une description sommaire :

« La situation de Franceville est réellement belle sur
la haute pointe d'un mouvement de terrain qui, après
s'être insensiblement élevé, à partir du confluent de
l'Ogooué et de la Passa, tombe, par une pente rapide,
d'une hauteur de plus de 100 mètres sur la rivière qui
coule à ses pieds. L'horizon lointain des plateaux, dans un
panorama presque circulaire, les alignements réguliers des
villages qui couvrent les pentes basses, la note fraîche des
plantations de bananiers tranchant sur les tons rouges
des terres argileuses, font de ce point une des vues les
plus jolies et les plus séduisantes de l'ouest africain. Elle

inspire comme un besoin de se reposer en admirant et en même temps comme un vague désir de marcher vers les horizons qu'on découvre. Mais nous n'avions guère de temps à consacrer à l'admiration et au rêve, j'allais rejoindre Ballay sur l'Alima. »

Au moment de partir, comme je triais les minces ressources que pouvait offrir mon portemanteau, je donnai une attention toute spéciale à des chaussures neuves dont j'avais eu le plus grand soin et qu'avec raison je considérais comme le *siné qua non* d'un explorateur. — En les tirant de l'enveloppe dans laquelle elles avaient fait tout le voyage, je m'aperçus avec terreur que j'avais eu tort de laisser mon cordonnier de Paris me prendre mesure seulement au pied droit, l'excellent homme m'avait doté de quatre souliers du même pied. — J'étais condamné, dès le début, à devenir mon propre fabricant de chaussures.

Je fus cinq jours à traverser les plateaux qui séparent le bassin de l'Ogooué de celui du Congo. — Ne connaissant ni le pays ni la langue, ayant pour guide un homme de Ballay, qui ne me connaissait pas et connaissait tout juste sa route, j'eus quelque embarras à me tirer d'affaire. — Ce qui m'arriva de plus fâcheux fut de perdre trois de mes hommes, les traînards s'égarèrent et rejoignirent notre poste seulement huit jours après moi, tombant de fatigue et mourant de faim. — J'eus pitié d'eux à leur arrivée et ne leur fis payer que d'une légère punition l'inquiétude que leur paresse m'avait donnée.

La route, de 170 kilomètres environ, coupe d'abord la grande et belle forêt des Oudombos, puis se transforme en un sentier, qui va serpentant à travers les plateaux, légèrement accidentés des Batekés. — On traverse ainsi des plaines sablonneuses, à végétation souvent pauvre, et semées çà et là, près des sources ou dans les bas-fonds des marécages, de vertes et vastes oasis, où la haute tige des palmiers et la fronde des bananeraies trahissent les villages ; les ananas y poussent partout drus et serrés, comme chez nous la ronce et l'ortie.

Me voilà à Diélé et faisant connaissance avec Ballay, qui me reçoit à bras ouverts : — le lendemain nous étions de bons camarades, le surlendemain des amis.

Les amitiés naissent vite en Afrique, Messieurs ; ce qui les fait naître vite et demeurer solides, c'est que toutes se groupent autour d'un sentiment commun, autour du souvenir de la patrie absente, autour du drapeau.

Pendant que nous installions la station et organisions ensemble le service des porteurs indigènes qui devaient transporter nos marchandises et notre matériel, encore à Franceville, Ballay s'occupait surtout de négocier, avec les Apfourous, sa descente de l'Alima. — On se souvient qu'en 1877, M. de Brazza et lui avaient vainement essayé de descendre cette rivière. Ils avaient dû battre en retraite devant des hostilités dont ils ne connurent la cause qu'à leur retour en Europe, en apprenant la foudroyante descente du Congo par M. Stanley.

On comprend quel intérêt s'attachait à ces négociations, qui devaient nous permettre d'ouvrir pacifiquement une nouvelle route d'accès au Congo. — Elles aboutirent à force de patience et, au mois d'octobre, Ballay, emportant nos vœux et nos souhaits, descendait l'Alima, escorté par les Apfourous eux-mêmes, devenus nos meilleurs amis.

A cette époque, les circonsctances avaient accumulé à Diélé un personnel trop considérable pour les ressources de la station ; les vivres étaient rares par suite de l'éloignement des villages et aussi grâce à la tactique intelligente des indigènes, qui comptaient, en nous prenant par la famine, arriver à nous faire payer leurs services et leurs produits des prix exorbitants. — Grâce à Dieu, nous étions hommes de ressources et assez intelligents nous aussi pour déjouer ce stratagème. — Nous prîmes le parti de nous diviser et de créer ainsi, en allant chacun de notre côté, une concurrence toute à notre profit. — Le résultat fut des meilleurs et, dès ce moment, Diélé fut suffisamment, sinon abondamment, pourvu de vivres.

J'avais pu remettre au brigadier Roche la station assez bien organisée et je descendis l'Alima jusqu'à son confluent avec le Lékéti, pour y fonder une station nouvelle.

Messieurs, on dit beaucoup de mal des cannibales et l'on exagère beaucoup leur férocité; — j'étais alors en plein pays de cannibales et, qui plus est, de cannibales qui ne connaissaient les hommes blancs que pour en avoir entendu parler comme d'une fable. — Me croirez-vous si je vous affirme que ces populations, malgré leur goût pour la chair humaine, sont peut-être les plus douces, les plus paisibles, les plus maniables, les seules vertueuses même (en entendant le mot : « vertu ») de toutes celles que j'ai connues à l'intérieur? — Une preuve que les cannibales ne nous effrayaient guère, c'est que j'arrivai à Lékéti avec une escorte qui se composait d'un boy ou domestique de 12 ans, d'un interprète et de deux noirs du Gabon.

Il y a, Messieurs, quelque chose de plus fort que le nombre et que la force même, c'est la douceur et la patience. — J'employai, pour m'installer à Lékéti, un procédé naturel qui m'a réussi bien des fois.

Ce procédé est bien simple. A mon arrivée dans un village, généralement on s'enfuyait; les femmes, en poussant des cris de terreur; les hommes, en proférant des menaces; sans plus m'inquiéter, je souriais tranquillement et m'installais n'importe où près du village, comptant bien que la curiosité me ramènerait les fuyards. — Moins d'une heure après, je voyais poindre de tous côtés des mines d'enfants curieux, qui risquaient un œil, puis se hasardaient à montrer la tête sur un mot aimable de mes hommes ou de moi et qui, finalement, après avoir bien constaté que je n'étais pas un mauvais génie, s'enhardissaient jusqu'à venir ramasser furtivement les deux ou trois perles que je leur jetais.

Généralement, le lendemain, en continuant mon même procédé, j'avais deux ou trois bambins de cinq à six ans sur mes genoux, les femmes s'enhardissaient à leur tour jusqu'à me regarder de loin, puis à me sourire et les hommes enfin qui, peut-être, en conseil secret, avaient comploté de m'exterminer, venaient le chef en tête, m'apporter de quoi vivre.

Voilà, Messieurs, comment on peut apprivoiser les cannibales.

Je n'ai point honte de le dire, je les ai aimés, ces petits enfants noirs et sales, qui venaient à moi les premiers dans leur naïveté sans méfiance; je les ai souvent pris sur mes genoux, caressant de mes mains leur tête crépue; quand on est seul et loin, on a besoin d'aimer quelque chose, et ces enfants je les aimais, un peu pour l'innocente naïveté qui les faisait venir à moi, et beaucoup pour le bien qu'ils m'aidaient à faire.

Huit jours après mon arrivée à Lékéti, j'avais pleinement conquis la contrée. Mes cannibales s'étaient convertis en ouvriers; plus de vingt d'entre eux travaillaient à crédit sous ma direction à la construction de mes cases, un mois après, la station était debout, à ma grande satisfaction et à celle de M. de Brazza lui-même, qui voulut bien me féliciter.

Ma solitude de Lékéti se peupla bientôt par l'arrivée de Jacques de Brazza et de son gai compagnon, M. Pecile; tous deux venaient y chercher de nouveaux éléments pour les collections d'histoire naturelle.

On a répandu sur le compte de M. Jacques de Brazza et de son compagnon d'absurdes calomnies, dont l'écho est venu me trouver même en Afrique; mon amitié pour eux et mon amour-propre de Français m'obligent à en faire justice.

Que n'ont-ils signé leurs écrits, ceux qui ont accusé Jacques de Brazza de travailler pour son compte personnel et de faire passer ses collections en Italie? — A coup sûr, ils ne connaissent pas l'homme. — Jacques de Brazza n'est pas français comme son frère; je le regrette pour la France, il a l'âme aussi haute, le cœur aussi noble que le plus noble des Français.

Une affection bien naturelle lui a fait désirer suivre son frère en Afrique; son titre de docteur ès sciences lui a valu d'être chargé par le Ministère d'une mission scientifique, tout cela sans autre rétribution que le plaisir de travailler pour l'honneur.

Il a vécu là-bas de notre vie à tous, aimé de tous comme il méritait d'être aimé, remplissant souvent des fonctions et des emplois que notre défaut de personnel lui faisaient assumer et qui le tenaient éloigné de ses travaux propres. Aujourd'hui encore, lui et son camarade Pecile, ne sont-ils pas là-bas à dépenser leurs forces et à risquer leur vie dans une expédition dont la mort de M. de Lastours leur a fait prendre la conduite et qui est toute à l'avantage et à l'honneur de la France?

J'ajoute que les belles collections réunies par les soins de M. Jacques de Brazza et dont la liste avait été depuis long-temps remise au Ministère, viennent, il y a moins de huit jours, de parvenir au Muséum, ce qui, je pense, fera mieux que ma voix taire les calomnies.

En février, j'abandonnai Lékéti pour descendre l'Alima et rejoindre Ballay sur le Congo.

Le pays qu'arrose l'Alima est accidenté, fertile et d'aspect agréable, malheureusement, la végétation luxuriante des rives ferme complètement la vue, et la route, en pirogue, aurait pu me paraitre ennuyeuse si je n'avais été occupé du matin au soir à relever le cours de la rivière et à dresser une carte sommaire. — En route, je dépassai M. de Brazza qui, selon sa vieille et bonne habitude, explorait la contrée dans une pirogue minuscule, ayant pour toute équipe et toute escorte un boy de 10 ans et un indigène. — Rien n'était à craindre, du reste, précédés que nous étions partout de notre réputation d'hommes de paix; les riverains nous avaient bien accueillis; à chaque village où je m'arrêtais pour passer la nuit, j'étais entouré de groupes d'enfants et de femmes qui, après m'avoir regardé tout d'abord avec une curiosité quelque peu craintive, finissaient par devenir d'une familiarité si grande qu'elle en devenait gênante quelquefois pour mon repos.

Une chose qui me frappa comme elle a frappé depuis M. de Brazza et bien d'autres, fut de voir la rivière sillonnée d'une quantité incroyable de pirogues qui montent et descendent dans un va-et-vient perpétuel, vides à la montée, à la descente chargées de manioc (ou cassave) mis en panier. — Ce commerce fait par les Apfourous, qui vont chercher le manioc jusque dans le haut de l'Alima, fournit environ 20,000 kilos de nourriture chaque jour aux populations du Congo. — L'Alima est ainsi, pour ces populations, un véritable grenier dont nous avons la clé; les Batékés produisent, les Apfourous exportent.

A propos des Apfourous, il est à noter que les peuplades

désignées sous les noms divers d'Apfourous, Abanhos, Bayanzis, Oubangis, non seulement appartiennent à une même race, mais sont une même tribu. Ainsi que j'ai pu m'en convaincre dans un voyage que je fis plus tard à la N'Kundja, tous ont les mêmes usages, portent les mêmes tatouages et parlent la même langue.

D'après des renseignements puisés à bonne source et que j'ai souvent contrôlés, il y aurait environ 80 ans, deux générations à peine, que les Bayanzis ou Oubougis ont débouché sur le Congo par la N'Kundja, chassés de l'intérieur par des peuplades plus puissantes, attirés aussi peut-être par les bénéfices du commerce de l'ivoire et s'acheminant du côté d'où venaient les marchandises européennes ; ils débouchèrent un jour en masse sur le fleuve, y pénétrèrent comme un coin, chassant et refoulant à l'intérieur les tribus qui peuplaient les rives, envahissant même certains affluents et ne s'arrêtant qu'aux premières cataractes devant l'obstacle infranchissable pour leurs canots et aussi devant la guerre acharnée que leur fit un ancêtre de Makoko.

Il est impossible d'évaluer même approximativement le nombre des Oubangis actuellement établis sur les rives du Congo ou de ses affluents ; les centres de 3 à 4 mille âmes ne sont pas rares, et c'est de plus d'un million d'hommes peut-être qu'a essaimé un beau jour ce centre Afrique encore inconnu, lequel déverse son trop plein dans toutes les directions et qui a poussé les Pahouins et les Ossyebas sur l'Ogooué et le Gabon, comme il a poussé les Oubangis sur le Congo.

Mais je reviens à mon voyage. Sous le soleil brûlant et les averses de la saison des pluies, je commençais à me lasser d'être depuis huit jours dans la position peu commode de cartographe en pirogue, les yeux constamment à ma

montre et à ma boussole, le crayon et l'alidade à la main.
— Les villages étaient plus rares et les vivres aussi; un
jour, j'allais entreprendre de maudire mon sort, quand je
vis les rives se déboiser tout à coup et les grandes herbes
des marais se substituer à la haute végétation ordinaire, les
palmiers Borassus avaient remplacé l'élaïs et le rafia, l'horizon s'élargissait sur des plaines basses, c'étaient les carac-
téristiques du Delta.

Une heure après, une troupe d'hippopotames, effrayée, se
jettait à l'eau au risque de nous faire chavirer; encore quelques minutes et, par un chenal de cinquante mètres de
largeur, je débouchai brusquement sur le grand fleuve.
— Quel changement de décor! Le spectacle suffisait am-
plement à me dédommager des ennuis du voyage.

Devant moi et touchant le ciel à l'horizon de trois côtés,
s'étendait une nappe d'eau immense; d'innombrables îlots
allaient en estompant leurs contours et en se perdant dans
la buée d'or de midi, et la brise, couvrant de millions de
petites vagues la surface du fleuve, le faisait étonnamment
ressembler à un bras de mer semé d'îles.

Mes hommes m'arrachèrent violemment à mon admiration en envoyant (maladroitement du reste) un vrai feu
de salve à une bande de 20 ou 30 hippopotames qui nous
barraient le chemin. Je pris les précautions voulues pour
éviter l'attaque de ces monstres et le soir je récompensai
mes hommes en leur permettant d'amener à terre un des
hippopotames que j'avais tués pour me frayer la route à
certains endroits. — On ne se doute pas de la quantité de
viande que peut engloutir l'estomac d'un nègre affamé;
mes hommes, qui avaient perdu depuis longtemps l'habitude
de la viande, passèrent toute la nuit à manger; le lendemain je fus effrayé de voir que de l'hippopotame de la
veille, il ne restait que la carcasse et quelques méchants

débris : 14 hommes avaient suffi à cette besogne; ce qui n'avait pas été mangé, avait été boucané et mis en réserve.

Quatre jours de navigation en descente me conduisirent chez Ballay, au poste qu'il avait fondé à N'Gantchou. — Après une séparation de cinq mois, ce fut grand plaisir de nous embrasser. — Il me souvient que ce jour-là fut marqué par un orage épouvantable et une chute de grêlons énormes, chose assez rare sous l'Equateur; nos hommes, qui n'avaient jamais rien vu de semblable, regardaient avec une crainte superstitieuse ce gravier blanc qui tombait du ciel puis se fondait en eau. — Le lendemain, le chef de l'endroit, venant me faire la visite réglementaire, m'accusa tout bonnement de sortilège, ajoutant que c'était fort mal à moi de signaler mon arrivée par un cataclysme qui avait détruit une bonne partie de ses plantations.

Vous serez moins étonnés, Messieurs, de ce pouvoir qu'on m'attribuait ainsi de faire la pluie et le beau temps lorsque vous saurez qu'au moins un indigène sur dix se croit la même puissance et que, pour les sauvages, il est article de foi que nombre d'hommes, en soufflant dans une corne d'antilope ou dans une trompe d'ivoire et en agitant une branche d'arbre avec force gestes et paroles, ont le don surhumain d'exorciser la tempête et de conjurer la pluie.

Quelques jours après, notre canot à vapeur était signalé sur le fleuve et M. de Brazza débarquait. — Ce fut en hâte que nous allâmes rendre visite à Makoko et lui remettre, en même temps que le traité ratifié par le Gouvernement français, les présents destinés à récompenser sa fidélité. — La description de cette cérémonie me conduirait trop loin; beaucoup de journaux ont reproduit celle qu'en a faite M. de Brazza, et un journal illustré a même donné la reproduction d'un croquis pris sur place. — Nous fûmes admirablement reçus. — Il est inutile de vous dire que les bruits intéressés qu'à certaines époques on a fait courir en Europe, étaient absolument faux. — Makoko n'était pas plus parjure que M. de Brazza et son frère n'étaient morts. — Curieuse circonstance, nous eûmes connaissance de ces faux bruits par une lettre qui s'était trompée d'adresse et venait apporter à M. de Brazza lui-même, sur le Congo, des sentiments de condoléance au sujet de sa propre mort.

Messieurs, ne voulant pas vous ennuyer trop longtemps de détails, je vous transporte sans transition à Stanley Pool.

Malgré tout ce qu'on avait dit en Europe et les menaces d'être chaudement reçus, à notre arrivée au Congo nous y avions trouvé le meilleur accueil. — A peine avions-nous établi notre campement, que les visites nous vinrent de tous côtés, accompagnées des démonstrations amicales les plus sincères. — On s'offrit à nous rendre tous les services et on évacua même volontairement un village pour nous faire place.

Dans une palabre solennelle à laquelle assistaient tous les chefs, les droits souverains de la France reçurent une nouvelle consécration et je jetai les fondations de Brazza-ville, pendant que M. de Brazza remontait le fleuve, puis l'Alima et retournait inspecter la côte. — Il m'avait laissé ses pouvoirs et la direction du Congo.

Des contestations d'intérêts territoriaux se sont élevées sur les rives du Congo, entre l'Association Internationale africaine et nous; elles ont à certain moment amené des relations pénibles et engendré d'assez sérieuses difficultés. Ç'a été là pour moi l'occasion de bien des ennuis. — Le souci d'une situation grosse de responsabilités, et dans laquelle ma patience était souvent mise à une rude épreuve, l'inquiétude de savoir comment serait appréciée ma conduite et quel serait le résultat de nos efforts, m'ont fait vieillir de plusieurs années en quelques mois.

Aujourd'hui que la question a été résolue, Dieu me garde de remuer la cendre où dorment et ma rancune de patriote et mon amour-propre froissé! — Ce sont d'intéressants mais tristes souvenirs, et je souhaite que ma correspondance du Congo puisse dormir, elle aussi, longtemps, oubliée dans la poussière des cartons.

Le sentiment qui me fait jeter à l'oubli tout ce passé est le même sentiment qui a constamment servi de mobile à mes actes, c'est celui qui me faisait répondre un jour au colonel « de Winton » qui semblait m'accuser de chauvinisme : « Vous avez raison, colonel, l'Afrique est assez grande pour qu'il y ait place pour tous; je la crois assez grande pour qu'il y ait place à tous les intérêts, si égoïstes qu'ils puissent être; plus encore, je la crois assez grande pour que, sans gêner les devoirs qu'impose le patriotisme, tous les dévouements puissent s'y donner la main dans un même but d'humanité et de civilisation. »

Faisant trève à ces questions qui sont aujourd'hui lettre morte, je vous demande la permission d'ouvrir une large parenthèse et de vous initier quelque peu aux mœurs et aux coutumes de quelques-unes des peuplades d'Afrique au milieu desquelles j'ai vécu.

Les phases de la vie humaine sont marquées, dans notre civilisation d'Europe, par trois événements principaux qu'on entoure de cérémonies et qui sont : la naissance, le mariage et la mort. Chez nous, les deux premiers de ces événements sont l'objet de réjouissances, et le dernier l'objet d'un deuil aussi peu bruyant que possible. — Chez les sauvages, les traditions veulent que ce soit absolument le contraire : Tandis que la naissance est considérée comme un événement ne méritant aucune attention et que le mariage passe inaperçu, en dehors des fiançailles qui le précèdent souvent de dix années, la mort est au contraire entourée, non seulement de l'appareil de toutes les pompes, mais encore de toutes les démonstrations bruyantes et gaies ; c'est l'occasion de libations sans fin, de danses qui durent jour et nuit, de détonations joyeuses et de feux de joie. — Lorsque viendra le jour de l'enterrement, éloigné souvent de plusieurs mois de celui du décès, au lieu de conduire le mort silencieusement à sa dernière demeure, on lui fera faire ce qu'on pourrait appeler, en style imagé, sa dernière promenade en musique.

Voici comment cela ce passe :

Dès qu'une personne est morte, des décharges de mousqueterie annoncent aux alentours que le village compte un habitant de moins. — C'est une manière d'inviter les voisins à la fête qui va commencer et qui durera jusqu'au jour éloigné des funérailles. — Le corps du défunt est proprement lavé, puis, sans l'habiller davantage, on complète sa toilette en le peignant de la tête aux pieds des couleurs les plus variées; on le place dans la position à la turque que prennent chez nous les employés tailleurs, et on empile entre ses mains une partie des richesses lui ayant appartenu.

De même que les Égyptiens entouraient leurs momies de bandelettes, les Batekés entourent leurs morts de bandes interminables d'étoffe, garnissant consciencieusement tous les vides d'étoupe et de feuilles sèches, de façon à donner à ce cercueil d'un nouveau genre une forme exactement cylindrique. — L'opération étant terminée et la forme obtenue au moyen de bambous et de lianes savamment disposés, on enveloppe le tout des plus riches étoffes que possédait le défunt ou qu'ont apporté en tribut, à sa mort, ses meilleurs amis (généralement du drap rouge); on corde cette sorte de ballot, ce qui le fait ressembler à un énorme saucisson ayant en moyenne 1ᵐ 50 de hauteur et 1 mètre de diamètre. Ainsi affublé et exposé sous une case ouverte, le mort peut attendre que ses amis, ses voisins et même ses esclaves aient bu et mangé tout leur saoûl pendant huit jours ou pendant un mois : c'est lui qui paie. — Les richesses qu'il a laissées en mourant passeront tout entières à acheter du vin de palme, du pombé, de la bière, du poisson, des chèvres même, toutes choses dont se régaleront les visiteurs intéressés qui arrivent. — Ses économies de poudre y passeront toutes; du matin au soir et la nuit surtout, les vieux mousquets à silex, pour honorer le mort, rendront sourds les vivants. — On ne s'arrêtera que lorsque les frais de la fête auront absorbé tout l'actif de la succession (ce qui, lorsque la fortune est considérable, permet à la fête de durer longtemps). On songe alors à se débarrasser du défunt. — Le fameux cylindre-cercueil est placé sur un brancard improvisé avec des branchages, puis y est solidement fixé; on l'orne encore du mieux qu'on peut et enfin, un beau matin, on lui fait faire, comme je le disais tout à l'heure, sa dernière promenade. — La moitié du village au moins se met en branle; au bruit d'un tam-tam assourdissant et des cris les plus sauvages, le mort est enlevé au pas gymnastique et à travers champs sur vingt épaules; il goûte tour à tour les plaisirs d'une valse, le vertige d'une course folle et la douceur d'une halte, toujours accompagné des chants les plus joyeux.

Quatre ou cinq fois généralement, dans le long trajet qui conduit au cimetière, un faux-pas des porteurs lui fera perdre l'équilibre et faire la culbute au risque d'écraser quelqu'un; on le remet en place et le convoi repart de plus belle. — Enfin on est arrivé au lieu de la sépulture, généralement en plein bois; les femmes ont creusé un trou circulaire et profond, et, après une sérieuse collation destinée à réparer les forces des vivants, on enterre le mort et on retourne au village attendre, quelques jours tout au plus, semblable occasion de réjouissance.

Vous voyez, Messieurs, que chez les Batékés un enterrement n'a rien de bien triste en lui-même.

Chez les Bayanzis on procède à peu près de la même manière, avec cette différence toutefois que la fête, à la mort d'un chef ou d'un homme important, comporte presque toujours des immolations humaines. Je renonce à vous décrire ces scènes révoltantes de sauvagerie, dans lesquelles sont souvent sacrifiées douze ou quinze victimes, dont les crânes serviront d'ornement lugubre au tombeau du maître ou à la maison de ses fils.

Seuls, les procédés patients auront raison de ces coutumes barbares. — J'ai déjà pu, dans le court espace de temps pendant lequel j'ai été en contact avec ces peuplades du haut Congo, les amender quelque peu; nos postes de Bonga et de M'Kundja ont recueilli plus de dix victimes échappées ainsi au couteau, à la pendaison ou à l'ensevelissement vivant, presque toujours des femmes. — Là, encore, la force est impuissante et comme partout, il faut employer la douceur et la persuasion. — La force empêcherait-elle une exécution que la coutume barbare n'en continuerait pas moins à faire d'autres victimes et plus nombreuses peut-être !

Il me souvient d'avoir palabré des heures sur ce sujet avec certains des chefs. — Mes arguments s'adressaient à leur intérêt même, je leur démontrais que sacrifier un être humain c'était se priver d'une richesse pour une vaine satisfaction d'amour-propre; ma seule menace était de ne plus mettre les pieds dans un village qu'une exécution de ce genre aurait sali. Plusieurs ont été convaincus ou ont tout au moins semblé l'être.

Dans ces exécutions, le féticheur joue un grand rôle. — Le féticheur est un homme généralement assez vieux, qui joue le triple rôle de prêtre, de sorcier et de médecin, et qui, dans presque tous les idiomes de l'Afrique centrale, est désigné sous le nom de « Moguangua » ou N'Guangua. » — C'est à lui qu'on s'adresse, aussi bien pour guérir une plaie ou une colique que pour désigner, par la vertu de ses philtres, les auteurs d'un méfait ou ceux qu'on croit assez méchants pour jeter des sorts à leurs ennemis. — Le féticheur est un homme redouté et dont l'amitié, cela se conçoit, est fort précieuse.

A la mort de quelqu'un, on le consulte immédiatement pour savoir si la mort est le résultat d'une cause naturelle ou est due au maléfice de quelque jeteur de sorts. — Si le féticheur a des ennemis personnels, gare à eux. — Presque toujours, cependant, les victimes qu'il désigne à l'expiation d'un crime imaginaire sont des êtres laids, imbéciles, disgracieux et contrefaits. On se garde surtout de faire porter le choix sur un gaillard dont la force musculaire pourrait quelquefois se révolter et devenir dangereuse au féticheur lui-même. — C'est un procédé de sélection comme un autre et (sans émettre de théorie sur un sujet aussi délicat) peut-être est-ce ce procédé qui a fait des Bayanzis, chez lesquels les immolations sont nombreuses, une des plus belles races nègres qu'on puisse voir.

Souvent, un chef cumule avec ses fonctions ordinaires celles de féticheur, il n'en est que plus respecté.

Comme médecin, le féticheur ne m'inspire qu'une médiocre confiance : il connaît assurément les vertus laxatives ou calmantes de certains fruits ou de certaines racines, sait parfaitement appliquer des ventouses scarifiées ou des vésicatoires au fer rouge, mais sa science se borne là et ses remèdes héroïques envoient souvent, intentionnellement peut-être, ses malades dans l'autre monde.

La pauvreté de la science médicale des nègres m'a été, du reste, plus d'une fois surabondamment démontrée : j'assistais un jour au traitement d'un malade qui me semblait atteint de fluxion de poitrine. L'Esculape noir, après avoir soumis son sujet à des attouchements en tous sens et avoir adressé au fétiche une longue invocation, prépara un breuvage composé de vin de palmier, de miel et d'autres ingrédients inconnus. — J'étais moi-même sous le charme, tant il procédait gravement, et peut-être aurais-je été convaincu si, au dernier moment, et après une dernière invocation, le médecin n'eût avalé lui-même la potion préparée en disant au malade : « Ié kilikili. » « Va, tu es guéri. » — Le farceur, en disant cela, gardait parfaitement son sérieux; si le malade a guéri, c'est qu'il avait probablement à guérir sans remèdes.

Le féticheur qui joue un rôle à la mort en joue un autre à la naissance, en désignant pour chaque nouveau-né ce qu'on pourrait appeler le fruit défendu, chose à laquelle il ne pourra toucher dans sa vie sans encourir les colères du fétiche.

Comme le féticheur est toujours un homme, il s'ensuit que le sexe fort est très favorisé dans cette circonstance. — Ainsi, pour un homme la prohibition sera de ne pas boire de l'eau sale ou de ne pas manger du rat; pour la femme, ce sera généralement de ne pas boire de vin de palme ou de ne pas manger de poisson et de gibier. — C'est surtout en Afrique que les femmes auraient le droit de se révolter contre l'égoïsme masculin et contre les lois qu'il édicte.

Puisque j'en suis à ce chapitre, peut-être serai-je agréable aux dames et aux demoiselles qui ont été assez aimables

pour venir m'entendre, en disant quelques mots de la condition des femmes en Afrique centrale.

Hélas! Mesdames, s'il était parmi vous quelque partisan
des jeunes théories, je ne lui conseillerais pas d'aller chercher en Afrique le type de l'émancipation rêvée.

Là-bas, pour la femme, il n'est guère question de rôle
politique, le rôle même de la maternité est accessoire, son
vrai rôle à elle, son seul, c'est le travail, un travail de bête
de somme. — Du jour de sa naissance au jour de sa mort,
même libre elle est esclave. — Le défrichement et la cul-
ture du sol, la semaille, la récolte, le transport des fardeaux,
toutes les besognes pénibles lui reviennent de droit et sans
que cela la dispense de ses devoirs de ménagère.

A six ans, la petite fille a déjà la houe sur l'épaule, la
hache à la main et accompagne sa mère au travail; vous la
voyez portant au marché une charge plus lourde qu'elle et
rentrant le soir à la hutte ployant sous une charge de bois
mort.

Les plus heureuses, les femmes des chefs (un chef en a
toujours cinq ou six) sont encore bien à plaindre : en dehors
des soins du ménage et des occupations domestiques, elles
doivent encore pétrir la cassave, fabriquer la bière, façon-
ner les poteries, que sais-je?..... et comme toutes, rire et
pleurer au commandement et courber docilement l'échine
sous l'ordre du seigneur et maître.

La chasse, la pêche, le commerce constituent le travail
de l'homme, en dehors toutefois de son occupation nor-
male qui est de boire le vin de palme ou la bière de maïs et
de se griser le plus qu'il peut. — Il est à remarquer que
plus le nègre est rapproché d'un centre de civilisation et
plus cette dernière occupation lui tient à cœur.

Les travaux d'aiguille reviennent aussi à l'homme, le
luxe d'habillement lui appartient, et là où la femme n'a

plus que le vêtement trop sommaire d'une Ève africaine, l'homme est encore quelque peu vêtu.

La seule prérogative qui semble mettre sur un certain pied d'égalité les deux sexes et qui, à mon avis, est une insuffisante compensation, c'est le droit commun de fumer la pipe; des deux côtés on en abuse.

La femme a encore cette platonique consolation, c'est que, sur un marché d'esclaves, son prix de vente est supérieur à celui d'un homme. Les services qu'elle peut rendre comme travailleur lui font faire prime, et tandis que celui-ci vaut à peine en étoffes, en poudre, en verroteries ou en fil de laiton l'équivalent d'une centaine de francs; celle-là vaudra, suivant son âge, sa force et un peu sa beauté, de 150 à 300 francs.

Bien que la loi salique soit d'invention européenne, il est néanmoins assez rare de voir en Afrique la royauté d'une tribu dévolue à une femme. — J'en connais pourtant quelques-unes qui ont su s'imposer par leur supériorité intellectuelle et une véritable valeur masculine, et je dois ajouter qu'elles exercent le plus souvent fort bien leur puissance. — Quand j'ai dû recourir à elles, je les ai trouvées toujours beaucoup plus accessibles aux sentiments de compassion et d'humanité et il est, je crois, regrettable pour la civilisation qu'il n'y ait, en Afrique centrale, pas plus de femmes au pouvoir.

Eh bien! Mesdames, malgré cette triste condition sociale dont j'ai à peine indiqué quelques misères, dans leur vie de déshéritées, les femmes africaines ne songent même pas à secouer le joug; elles acceptent toutes les servitudes comme un devoir, tant est puissante la force des traditions et des usages, tant est pour ainsi dire invétérée de mère en fille l'habitude de cette soumission d'esclave.

La civilisation a, de ce côté-là, un grand pas à faire. —

Je ne veux pas combattre les théories qui prêchent pour la femme l'égalité et la liberté politiques, mais peut-être ceux qui s'occupent de ces questions feraient-ils bien, avant de réclamer pour nos Européennes le droit au vote et à l'élection, de songer à revendiquer pour leurs sœurs noires un peu de cette liberté qui leur manque par trop.

Malheureusement, il y a beaucoup plus de théoriciens en chambre que de théoriciens voyageurs.

J'espère, malgré cela, qu'on pourra, avec beaucoup de temps et de patience, améliorer le sort des femmes-parias africaines. — Peut-être le progrès arrivera-t-il quelque jour à atténuer moralement leur misère et à diminuer physiquement leur laideur ; ce que je désespère qu'on puisse jamais donner à ces pauvres déshéritées, c'est l'esprit qui leur manque, le cœur qu'elles ont oublié d'avoir, toutes les facultés amatives et tous ces charmes que nos femmes européennes possèdent par droit de naissance, et qui font les hommes s'incliner instinctivement devant elles.

Messieurs, je ferme la parenthèse, ayant à peine abordé le sujet ; je suis dans la nécessité de le faire. Pour traiter convenablement ces questions, c'est un livre entier qu'il faudrait ; il serait peut-être intéressant à lire.

Je vous ai laissé tout à l'heure à Brazzaville, j'y reviens pour vous conduire aussi vite que possible à la fin de mon voyage.

Brazzaville n'est, à proprement parler, ni une ville, ni un village : c'est, aussi bien que Léopoldville et tous les établissements européens de l'intérieur, quelle que soit leur importance, une station.

Une station se compose généralement d'une ou plusieurs maisons ou cases destinées aux Européens et d'un nombre plus ou moins considérable de cases moins confortables qu'habite le personnel noir. — Elle est d'ordinaire établie à quelque distance des villages afin d'éviter le voisinage gênant des oisifs et des curieux; cet éloignement a encore pour avantageuse conséquence d'éviter toutes ces querelles naissant de noir à noir, à propos de futilités, qui se produisent fatalement dans un contact journalier et peuvent devenir une source de conflits. — Souvent on m'a demandé quelle était la population de Brazzaville; je ne sais que répondre.

Considérée seulement comme station, Brazzaville compte en moyenne un quarantaine d'habitants qui sont nos Européens et nos hommes; envisagée au contraire comme noyau de groupe indigène, sa population, dans un rayon de quatre kilomètres, peut être évaluée à environ cinq mille âmes. — Nous avons d'autres stations (celle de Bouga par exemple), qui sont établies dans des centres plus populeux encore.

Au point de vue de la situation topographique et de la salubrité, notre minuscule capitale du Congo français ne laisse rien à désirer; elle est établie sur le large plateau qui termine une croupe dominant le fleuve et d'où s'étend une vue panoramique de toute beauté. Les miasmes y sont constamment balayés par les vents frais d'ouest, un ruisseau met à sa portée de l'eau courante et claire, un jardin où s'essayent et réussissent les cultures indigènes et quelques-unes des cultures européennes a été créé à ses pieds au bord du fleuve. — La température relativement douce ne s'y élève que très rarement au-dessus de 32 degrés à l'ombre et la fièvre y est très rare. — Seules les attaques de dysenterie y sont assez fréquentes, j'attribue cela moins au climat lui-même qu'à une nourriture insuffisamment fortifiante et trop éloignée du confort de nos tables européennes.

Comme j'étais à Brazzaville depuis deux mois, au milieu

des ennuis que me causaient dans ma solitude et une certaine responsabilité politique et les soucis inhérents à la
création même de la station, mon ami Dolisie m'arriva un
beau jour.

Il était accompagné de deux Européens et d'une trentaine
d'hommes; c'était pour moi un renfort considérable et ce
fut du meilleur cœur que j'accueillis mon nouveau monde.
Dolisie arrivait directement de la côte de Loango, ayant
reconnu la route de terre qui, partant de ce point, suit la
vallée du Qoicillou et gagne Brazzaville par une série de
pays accidentés qui caractérisent le côté nord du bassin du
Congo à cet endroit.

C'était presque un tour de force qu'il venait de faire. —
« Si Dolisie arrive par là sans hostilités, m'avait dit un
« jour M. de Brazza, c'est un maître homme. » (1)

J'utilisais tout mon monde du mieux que je pus, et pendant un an des reconnaissances furent faites dans le haut du
fleuve, des traités passés avec les indigènes, des postes
établis.

La nouvelle de l'heureuse issue des négociations entre-
prises en Europe entre l'Association et la France, et qui
aboutirent enfin à la convention du 5 février, soulageait
mes épaules d'un grand poids. — Jusque-là, j'avais été
constamment rivé à Brazzaville où, plus encore que les travaux matériels, me retenait le souci d'une tâche que l'expé-
périence acquise m'imposait à tous les points de vue.

Je n'ai pas toujours été riche à Brazzaville : un système
d'économies forcées m'a fait dépenser sur le Congo, tout
au plus 80,000 francs dans une administration qui a duré

---

(1) M. Dolisie est actuellement à la tête d'une expédition partie du
Congo et qui se dirige vers le nord. Cette expédition marche parallè-
lement à celle de M. Jacques de Brazza, qui a quitté l'Ogooué en juillet 1885, pour se diriger sur la Bénoué.

18 mois et qui comprenait une étendue de territoire équivalant à une vingtaine de nos départements au moins.

J'ai remplacé par l'influence morale les richesses qui me manquaient et j'ai gagné les indigènes bien moins par des largesses que par une certaine bonhomie de procédés qui me rendait populaire et me faisait aimer. Peut-être autant que ma bonhomie, le produit de mes chasses et de celles de mes hommes a contribué à me faire des amis et à obtenir des indigènes ce qu'on appelle chez nous la reconnaissance de l'estomac.

J'ai pensé alors plus d'une fois que fréquenter le stand et savoir tirer proprement un coup de carabine pouvait avoir quelques avantages. Dans l'espace de 15 mois, la seule station de Brazzaville a vu passer à sa boucherie en plein air plus de 250 hippopotames, 17 éléphants, plusieurs crocodiles, une trentaine de bœufs sauvages et autant d'antilopes, ce qui au total représente à peu près 370,000 kilos de viande; de quoi faire bien des largesses.

Mais j'abandonne ces détails trop longs déjà, et je saute les nombreuses péripéties d'un voyagage de 4 mois dans le haut fleuve; de toutes ces péripéties j'en rapporte une seule.

Au mois de juillet 1885, j'étais au confluent de l'Alima, M. de Brazza que je n'avais pas vu depuis 14 mois, manquait, par suite de trop d'occupations, les rendez-vous successifs qu'il me donnait; appelé encore dans l'Ogooué par la triste nouvelle des décès de MM. Taburet et Dessaux et par la grave maladie de M. de Lastours, il m'ajournait encore à un mois. — Je profitai de ce délai pour descendre à Brazzaville prendre des nouvelles.

Un proverbe dit : « Malheur ou mauvaise nouvelle ne « sont jamais seuls. » J'ai pu me convaincre de l'exactitude de ce vieux dicton populaire.

Attristé déjà par les nouvelles reçues de M. de Brazza, je decendais le fleuve en canot à vapeur; dès le premier jour un grave accident faillit nous arriver. Nous passions à toute vitesse dans un des étroits chenaux que forment les îles dans leur dédale; la vitesse propre de notre embarcation s'ajoutait à celle du courant et nous marchions au moins 8 nœuds, lorsque, d'une crique que nous cachaient des broussailles, tout un troupeau d'hippopotames effrayés se jette sous notre proue avant que nous puissions éviter. Le chenal n'a pas assez de profondeur, et notre quille porte en plein sur l'échine des monstres, labourant leur masse en vertu de la force acquise. La parole est trop lente à décrire la scène : le canot brusquement arrêté par cette résistance inattendue fut secoué d'un épouvantable roulis; et 7 ou 8 têtes énormes, la gueule ouverte apparurent à la hauteur de nos propres têtes. Les mâchoires des monstres trouaient la tôle de la coque, broyaient les bordages, et l'un d'entre eux pénétrant comme un coin entre le canot même et la pirogue chargée de bois que nous avions en couple rompit les amarres et la mit en dérive avec deux hommes.

Grâce au sang-froid de tous et à la présence d'esprit du mécanicien Piquet, l'accident n'eut pas de suites trop graves; nous en fûmes quittes pour stopper une heure ou deux et réparer provisoirement tant bien que mal nos avaries.

Le même jour, nous fûmes assaillis d'un coup de vent tellement fort qu'il fallut nous mettre à l'abri dans les herbes, après avoir embarqué des paquets d'eau et avoir vu notre pirogue en couple couler bas.

La largeur excessive du Congo, largeur qui dans certains endroits dépasse certainement 20 kilomètres, rend sa traversée très dangereuse aux petites et aux moyennes embarcations par les temps de forte brise; les lames y sont dures et courtes comme des lames de ressac et j'avoue que, dans mes trajets sur le fleuve, je me suis trouvé quatre ou cinq fois de ce fait en réel danger.

Plus de dix fois avant de gagner Brazzaville j'échouai sur des bancs de sable ou des roches. — Deux fois nous manquons sauter par suite d'une alimentation défectueuse des chaudières; le feu même prit à bord et tout cela me fit dire à plusieurs reprises : « Décidément nous sommes à la série noire. » — Hélas j'avais trop raison, Brazzaville avait été pendant mon absence un véritable hôpital et la première tombe venait de s'y creuser. M. Thollon avait été malade d'un abcès au foie ; M. Froment se guérissait d'un accident de chasse qui avait failli lui coûter la vie, et un brave quartier maître de marine qui m'avait servi fidèlement pendant un an, mon pauvre Lebritz, venait de mourir de la dysenterie ; seul, M. Laneyrie que j'avais laissé comme chef de station s'était assez bien porté pour soigner les autres.

Quelques jours après, j'allais apprendre encore la mort de mon pauvre ami de Lastours et plus tard celle de MM. Beauguillaume et Camuzet.

Triste souvenir, Messieurs, que celui de ces amitiés perdues ; triste regret que celui de ces camarades tombant sans gloire, loin du pays et de tout ce qu'ils y avaient aimé. — Ils ont été conduits à la tombe, le pavillon servant de prêtre et servant aussi de linceul. — Tous ont eu jusqu'au dernier souffle dans le cœur l'idée du devoir et sur les lèvres le nom de la France. — Puissent ceux qui devront tomber encore, tomber aussi noblement que ceux-là sont tombés !

Je ne veux pas m'attrister trop longtemps à ces souvenirs ; l'heure s'avance du reste, et je me hâte, sans vous faire retourner avec moi dans le haut Congo où je trouve M. de Brazza, ni vous faire suivre un nouveau travail de carte, de vous mener à la fin du voyage.

M. de Brazza avait été rappelé en France et, m'arrachant aux embrassements et aux adieux des camarades qui demeurent bravement sur la brèche (1), je rentre avec lui par la route de terre qui longe les cataractes du Congo. — La mission apostolique de Saint-Joseph de Linzolo (2) nous offre à notre passage la plus cordiale hospitalité; je connais tous ses habitants qui sont des voisins de 30 kilomètres, avec lesquels j'ai fait constamment échange de bons procédés. — A Manyanga, Issanghilla, Vivi, les représentants du nouvel Etat libre du Congo ont été avisés de notre passage et nous reçoivent en excellents amis.

Vingt jours après avoir quitté Brazzaville nous sommes à Banane et attendons à la factorerie française (Daumas, Béraud et Cie) qu'un navire de guerre vienne nous prendre et nous conduire en quatre jours à Libreville. Un mois après nous arrivions à Paris.

Les proportions de ce simple exposé ne m'ont pas permis de traiter, ni d'aborder même, un intéressant sujet, et de parler de l'avenir de la contrée.

Bien qu'en la matière ma compétence ne soit pas très grande, je me permets d'avoir une opinion à peu près identique à celle de M. de Brazza.

De longtemps le Congo ne saurait être un pays à coloniser par l'émigration en masse; c'est un pays à exploiter par le commerce et l'agriculture; en employant les indigènes sous une direction européenne et dont on pourra tirer parti seulement dans quelques années.

---

(1) Parmi eux, M. le lieutenant Decazes, qui est aujourd'hui chargé de la Direction générale de tout l'intérieur.

(1) La mission de Saint-Joseph de Linzolo a été fondée par le R. P. Augouard. Elle comptait au moment de mon départ 6 Européens : les R. P. Augouard, Paris, Krafft, Saud, les FF. Savinien et Philomèle. La Mission a des cultures et un jardin potager vraiment remarquables.

Entre les appréciations peut-être un peu trop optimistes de M. Stanley et celles pessimistes qui se sont produites et ne manqueront pas de se produire encore, il y a, ce me semble, un juste milieu à tenir.

On ne devrait pas oublier que la contrée dont il s'agit est une contrée neuve, à peine explorée, et sur laquelle on ne devrait porter un jugement absolu qu'avec prudence.

A mon avis, le bassin du Congo constitue une région incontestablement fertile, où toutes les cultures sont en germe, où les richesses naturelles peuvent équivaloir à celles des pays les plus féconds; mais vouloir y lancer immédiatement des colons serait une folie; faute de trouver dans le pays une main-d'œuvre préparée, faute de voie de communication, faute d'expérience propre, ils iraient chercher là-bas toute une série de déboires, de découragements et peut-être la ruine.

Le champ doit encore pendant plusieurs années appartenir aux pionniers et aux civilisateurs; il faut, avant tout, que des voies de communication soient créées, mettant cet immense réseau navigable de l'intérieur en communication pratique et facile avec la côte.

Le Congo et ses affluents offrent, si je ne me trompe, un développement total de rives équivalant à près de deux fois la périphérie totale de l'Afrique; ces rives sont fertiles, mais les indigènes qui les peuplent sont loin d'être des travailleurs, beaucoup d'entre eux vivent des privilèges commerciaux ou du commerce facile de l'ivoire. Il faut leur apprendre à demander au sol vierge qu'ils foulent toutes les richesses qu'il contient; c'est une œuvre de temps et de patience.

Le jour où la paresse naturelle du nègre sera vaincue par les besoins mêmes de bien-être qu'on lui aura créés, le jour où des voies de communication permettront l'écoulement facile des produits du sol et leur échange fructueux contre les marchandises européennes, ce jour-là des commerçants pourront venir s'implanter sans risques à l'intérieur et peut-être aussi des colons.

Comme le dit fort bien M. de Brazza : « Notre action doit, jusqu'à nouvel ordre, tendre surtout à transformer les indigènes en agents de travail, en producteurs et en consommateurs. »

Dieu nous garde, Messieurs, de ne pas songer aux intérêts matériels et de chercher dans ces questions d'avenir seulement le triomphe des principes de civilisation et d'humanité. Le rôle de civilisateur est certainement un des nôtres, mais c'est surtout celui des missionnaires et des apôtres.

Imposer à la mère patrie de lourds sacrifices dans le but unique de civiliser les nègres et de supprimer les coutumes barbares serait peut-être faire acte d'humanitarisme louable, mais constituerait un placement sans profit qu'il nous est interdit de faire au nom de la France.

Ce serait, si je puis m'exprimer ainsi, faire du chauvinisme en charité aux dépens des intérêts nationaux. — Qu'on ne nous accuse jamais de semblable naïveté. — Nous avons servi la cause de l'humanité, mais aussi et avant tout les intérêts de la patrie.

J'ai terminé, Messieurs. — En vous remerciant de l'attention bienveillante que vous m'avez prêtée et visant encore ce but éloigné d'avenir, dont je vous parlais tout à l'heure, je déclare que ce serait commettre la plus déplorable des erreurs que croire un pays apte à l'exploitation au lendemain de sa découverte, alors qu'il est à peine exploré dans ses grandes lignes.

Semblable impatience entraînerait le défaut d'études, et je crois que les fautes, commises par suite du défaut d'études, coûtent toujours beaucoup plus cher que ces études mêmes.

M. de Brazza a dernièrement exposé au Cirque d'Hiver ces mêmes opinions. Les ovations dont il a été l'objet me font croire que ses théories ont été comprises et qu'elles seront acceptées du Gouvernement comme elles l'ont été du public.

Puisse-t-il en être ainsi, Messieurs. — Ceux qui soutiennent ces théories et les défendent en convaincus, n'ont jamais eu d'autre mobile que l'intérêt de la France et l'honneur du drapeau national.

collèges de Sées, l'un établi à Paris, rue de la Harpe, l'autre à Angers, à l'hôtel du Bueil (1).

C'est, dit-on, des carrières de Boitron qu'ont été extraites les pierres calcaires qui, du XIIe au XIIIe siècle, servirent à la construction de la cathédrale de Sées.

(1) Calimaz, *Mémoires pour servir à l'histoire du diocèse de Sées*, ms.

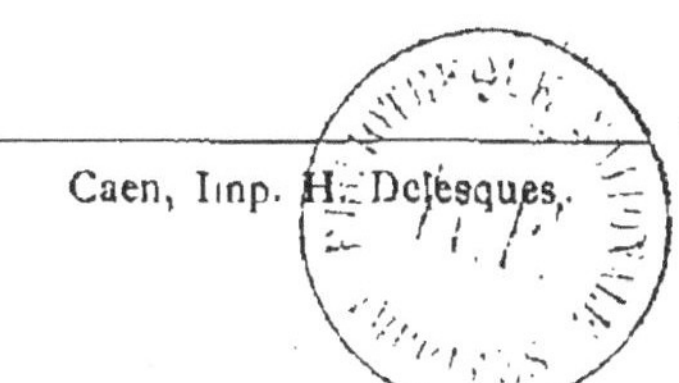

Caen, Imp. H. Delesques.